ESSAI
D'INSCRIPTIONS
POUR DIFFÉRENS MONUMENS
DE LA VILLE DE PARIS.

A LONDRES,

Et se trouve à PARIS,

Chez ROYEZ, Libraire, Quai des Augustins;
Et chez les Marchands de Nouveautés.

M. DCC. LXXXVII.

ESSAI D'INSCRIPTIONS

POUR DIFFÉRENS MONUMENS DE LA VILLE DE PARIS.

POUR L'HOTEL ROYAL DES INVALIDES,

Première façade intérieure de la cour Royale.

MILITIBUS victor tumidos queis terruit hostes,
Otia dat LODOIX, dedit ut BELLONA triumphos.
Læsis, sed lætis, frontes dum laurus adornet,
Hîc dolor unus erit jam MARTIS abesse labores.

Deuxième façade.

Non dolet amissos bellando corporis artus,
Mortis pro patriâ qui vovit adire pericla;
Ut dedit impavido lauros BELLONA triumphi,
Parta favens LODOIX hîc addit & otia lauris.

Troisième façade.

Queis patuere priùs bellantis limina JANI,
His patet hospitium meritis bene MARTIS ad arva;
Et LODOIX multo jam fractis membra labore,
Hîc statuit placidam victoribus esse quietem.

Fiers des exploits brillans que MARS ici couronne,
Que de gloire attachée au front de ces guerriers !
Si leur cœur souffre encor, c'est qu'aux champs de BELLONE
Ils n'ont plus à prétendre à de nouveaux lauriers.

POUR L'ÉCOLE ROYALE MILITAIRE.

Hîc alacres bello præludunt MARTIS alumni,
Regia quos pietas virtutibus aptat & armis.
Inclyta dum soboles Patriæ se vovit honori,
Mox proavûm factis addent majora nepotes.

POUR LA BIBLIOTHEQUE DU ROI.

Splendida doctrinæ nobis hîc gaza patescit,
Regali sumptu, studiosis ampla supellex.
Hîc, apium ritu, fecunda per arva MINERVÆ,
Prædamur cupidi præstantia pabula mentis.

POUR LE MUSEUM DES GALERIES DU LOUVRE.

Première, pour le côté du pavillon de l'Infante.

Phidiacus ſculptor vivos de marmore vultus
Elicit ut ſcalpro, ſpirantia fingit ut æra;
Pictor Apelleus ſolers animare tabellas,
Heroes memorat, ſublimia pingit Olympi.
Quæ juſſit LODOIX artis monumenta patere,
Hîc ſimul exemplar cultoribus, & decus Urbi.

Deuxième, pour le côté du pavillon de Flore.

Gallia quos genuit, veteris ſic æmula ROMÆ,
Hîc animata ſedent celebrûm ſimulacra virorum.
Hos, decus ut Gentis, vovit Rex arte renaſci,
Semideûmque patet jam nobile Pantheon Urbi.

POUR L'OBSERVATOIRE.

Sidera ſparſa Polo, PHŒBI Lunæque meatus
Lineat explorans, orituraque præcinit aſtra
Hîc Atlantiades, cui, dum metitur Olympum,
Terra fit ut punctum, nihilo par incola terræ.

POUR L'AMPHITHÉATRE DE L'ACADÉMIE ROYALE DE CHIRURGIE.

Pallida ſcrutantes ſolerte cadavera cultro,
Hîc Mors ipsa docet Morti ſubducere vivos.

Sur les corps que moiſſonne une PARQUE *homicide,*
ESCULAPE *en ce lieu forme ſes Nourriſſons;*
Dans l'art de nous guérir un cadavre les guide,
La Mort contre la Mort donne ici des leçons.

POUR LE JARDIN ROYAL DES PLANTES,

Et le CABINET D'HISTOIRE NATURELLE qui y eſt joint.

Futilibus ſerpens cuſtos vigilabat acerbus
HESPERIDUM pomis; bonus hîc EPIDAURIUS aſtat,
Invalidis donans ſuccos herbasque ſalubres.
Et dum quæ genuit Tellus, quæ Pontus & Æther,
Hæ referant Ædes miracula lecta per orbem,
Orbem ſic totum locuples complectitur Hortus.

POUR LA STATUE DE M. LE COMTE DE BUFFON,

érigée dans le veſtibule du Cabinet d'Hiſtoire Naturelle du Jardin du Roi.

Quæ menti reſerat naturæ condita ſcriptor,
Hîc oculis gaudet miracula pandere cuſtos.
Quàm meritò præſtes regalibus aſſidet hortis,
Vaſto ſcrutator qui PLINIUS incubat orbi!

POUR LA POMPE A FEU DE CHAILLOT.

Nota. Dans cette Inſcription on a eſſayé de rendre en gros le méchaniſme de la pompe & les effets qui en réſultent, ainſi que cela avoit été propoſé dans une Feuille périodique du 8 Décembre 1784.

Quem vapor ignitus movet & jam pondere pellit,
Embolus hîc latitat quo, dum libramen adurget,
Antlia ſpirat aquas dociles; illæ que cylindri
Aëre compreſſæ, modò ſcandunt culmina montis.
Hinc urbis repetit ſubeundo mœnia flumen,
Civibus & paſſim ſic dantur ab ignibus undæ.

AUTRE.

Civibus ut proſint, ſimul ignis & unda laborant
Mirificè ſocii; & jam de fornacibus imis
Fons novus aſſurgens, colles petit, irrigat Urbem,
Naidis & lymphas Vulcania flamma miniſtrat.

Des NAÏADES *ici* VULCAIN *maîtrise l'onde,*
Et d'un nouvel ETNA *fait jaillir des Ruisseaux;*
Frustré de son tribut en vain NEPTUNE *en gronde,*
Déja dans tout Paris le feu donne des eaux.

OU

Ici deux ennemis, ici la flamme & l'onde,
Entre eux, pour nous servir, sont devenus rivaux;
De leur travail s'élève une source féconde,
Et déjà dans Paris le feu donne des eaux.

Pour le Réservoir ou nouvelle Fontaine de la porte Saint-Honoré, d'où partent les embranchemens qui répandent dans Paris les eaux de la même Pompe.

Dum fluit igne datus fons antea nobile flumen,
Et captiva subit latebrosos unda canales;
Ut vehit omnigenos ad littora SEQUANA victus,
Sic rigat & medios ramosus in urbe Penates.

Plus utile aux humains que l'antique HIPPOCRENE,
C'est à l'art, c'est au feu qu'on doit cette Fontaine.
De fleuve ici réduite à de simples ruisseaux,
La Seine sans regret voit son onde enchaînée,
Et partout, aux besoins de la ville étonnée,
Captive bienfaisante, elle offre encor ses eaux.

POUR LE PALAIS DE JUSTICE.

Panditur hîc Templum THEMIDIS ſummumque tribunal,
Regalis ſedes, LODOIX ubi legifer alto
Imperat è ſolio, Gentis ſimul & Pater & Rex.
Francis cum Paribus, Proceres dant jura togati
Supplicibus populis, Regni que ſtatuta tuentur,
ASTRÆÆ que minax hîc ſontibus imminet enſis.

AUTRE.

Civibus invigilat, fraudis que hîc conterit hydram,
Interpres THEMIDIS qui fatur jura SENATUS.
Hîc Lex culta viget, Legis nos Ægide tuti
Stamus & incolumes, manet ut ſua pœna ſceleſtos.

AUTRE.

Qui THEMIDIS profert oracula ſumma SENATUS,
Civibus hîc columen, ſontibus ultor adeſt.

AUTRE.

Subvenit oppreſſis, umbrat THEMIS Ægide cives,
Ipſius atque minax hîc ſontibus imminet enſis.

Arbitre des humains dans ce Temple réſide
THEMIS de l'opprimé le ſoutien & l'Egide,
Qui du Ciel deſcendue aſſure par ſes loix
Aux méchans leur ſupplice, aux citoyens leurs droits.

POUR L'ACADÉMIE ROYALE DE MUSIQUE.

TERPSICHORE ſaltu, recreat nos carmine PHÆBUS,
ORPHEUS atque melo, Charitum nitet ore Palæſtra.
Heros Numinibus, dum jungitur Orcus Olympo,
Sic fallendo movent divæ miracula pompæ.

POUR LE THÉATRE FRANÇOIS.

Grandia MELPOMENE Heroum delineat acta,
Motibus & variis agitat nos anxia flentes.
Corripit at ſalibus, recreat que THALIA cachinnis;
Hic & utrique juvat plaudendo dicare coronas.

AUTRE.

Dant pariter feſſo jucunda levamina cordi,
MELPOMENE lacrymis, blanda THALIA jocis.

POUR LE THÉATRE ITALIEN.

MELPOMENES aliò plaudat flens queſtibus alter,
Lætior hic ſalibus ridentis plaude THALIÆ.
Dum canit EUTERPE quæ carmina ſpirat APOLLO,
Fontibus Aoniis mens dulcè refecta vigeſcit.

POUR LES VARIÉTÉS AMUSANTES.

Mobilibus titulo placui quæ civibus olim,
Hîc nova ſcena patet jam PHŒBI clara favore ;
Et ſolitis mores variare habitusque diurnos,
Spontè THALIA levis variabit ludicra mentis.

POUR LE MONT DE PIÉTÉ.

Première, pour la façade de la rue de Paradis.

Dum fugit hinc uſura vorax, dum fœnore parvo
Damnoſæ licet hîc ærumnas pellere ſortis ;
Jam capiunt cives fido ſub pignore nummos,
Ipſeque MERCURIUS (*) tacitos levat indè labores.

Deuxième, pour la façade de la rue des Blancs Manteaux.

Naufragium paſſo dat Cymba ſecunda ſalutem,
Subtrahit & Domus hæc ſortis nos ſæpè procellis.
Dumque pio manant de Monte levamina preſſis,
His, ope propitiâ, fortuna decusque manebunt.

(*) Mercure, Dieu du Commerce.

POUR LA FAÇADE EXTÉRIEURE de l'Hôtel des Monnoies.

Aurea quas dat opes Tellus, hîc Regia ſignat
Effigies; ſacer & delabitur hinc JOVIS imber,
Quo ceſſit DANAE, quo cedunt ſæpiùs arces,
Orbis & immenſi moles animata vigeſcit.

OU

Aurea quas dat opes Tellus, hîc Regia ſignat
Effigies; ſacer & DANAES hinc defluit imber.

POUR LA NOUVELLE FONTAINE adoſſée au Collége Royal, place Cambray.

Dum propè fundit opes ſtudioſis alta MINERVA,
Pandit & ipſe favens Heliconis limina PHŒBUS;
Hîc Aganippis adeſt, linit hîc labra docta Magiſter,
Nympha que dat laticis ſitienti munus Alumno.

POUR LA NOUVELLE HALLE AU BLED, & la Fontaine qui y eſt adoſſée à la colonne de Médicis.

Quas dedit alma CÉRES vitreo ſub tegmine ſparſas
Dum petimus fruges, vigilans dum NYMPHA ſalubrem
Dat ſaturis lympham, curas mittamus inanes;
Civibus hîc placidam ſtatuunt duo Numina vitam.

AUTRE.

Numinibus geminis, fugit indè famesque sitisque;
Alma Ceres victum, dat Nais provida potum.

Le Ciel ici pour nous prodiguant ses faveurs,
De la faim, de la soif nous bravons les horreurs;
Cérès donne son bled, une Nymphe son onde,
Chacune est en bienfaits également féconde;
Et l'homme sur son sort s'agiteroit envain,
Quand deux sources de vie abondent sous sa main.

Parodie burlesque.

Le Peuple en appétit, animal à grand bec,
Ici vient de nos champs enlever les dépouilles;
Et si la soif le prend, n'en déplaise aux grenouilles,
Cette eau l'empêchera de manger son pain sec.

POUR LE NOUVEAU MARCHÉ du Cimetière des Innocens.

Hîc ubi multiplici gaudebat funere Parca,
Nunc Pomona suis gaudet nos vivere donis;
Appositæque dapes dum pellunt indè Sepulcra,
Fons oritur vitæ prisco de gurgite Mortis.

AUTRE.

Hîc ubi Mors aderat, nunc Vitæ fons novus Urbi;
Quique sepulcra dedit, dat locus ille dapes.

De ces lieux dont jadis on redoutoit l'abord,
La PARQUE meurtrière enfin ſe voit bannie;
Par les dons de POMÔNE, une ſource de vie
Succède au gouffre antique où ſéjournoit la Mort.

POUR LA FONTAINE DU MÊME MARCHÉ.

Æmula POMONÆ, pleno dat munera cornu
NAIAS, & juges frugibus addit aquas.

POUR LE NOUVEAU MARCHÉ de la Culture Sainte-Catherine, rue Saint Antoine, ou autre Marché quelconque.

Hîc dapibus pollens Urbis nova floret Alumna,
Perpetuum vitæ referans ex ubere fontem.
Ut petis eſuriens, ſic gratus ſume ſalubres
Quas POMONA manu largâ tibi ſufficit eſcas.

POUR UNE SALLE A MANGER.

Ex dapidus lautis apponit quas tibi COMUS,
Vivere ſi longùm, ſi vis haurire ſalutem;
Condiat eſuries, hilaris mens condiat eſcas,
Diluat & ſumptas recreanti Nectare BACCHUS.

AUTRE.

Qui petis hinc epulas, nimiis ne fide guloſus;
Lautior exitium, moderata dat eſca ſalutem.

POUR LA NOUVELLE HALLE AUX DRAPS ET AUX TOILES.

Première, pour la façade de la rue de la Tonnellerie.

Explicat hîc oculis Byſſum CYLLENIUS albam,
Explicat & Tyrium quo pellas frigora pannum.
Ut molles lanas, placidos ovis indue mores;
Byſſina quo veſtis, mens hoc candore niteſcat.

Deuxième, pour la façade du côté du Marché des Innocens.

Qui ſpoliis gaudens aliò prædonibus aſtat,
MERCURIUS blandè cives hîc donat amictu;
Et POMONA ſuas propè dum parat obvia fruges,
Sic modò veſtitus paſtusque viator abibit.

POUR LA NOUVELLE HALLE A LA MARÉE, & aux Poiſſons d'eau douce, cour des Miracles.

Progenies Pelagi, fluvialis & agmina lymphæ
Hîc pariter coeunt, hîc fercula lauta palato.
Piſcibus aſt epulans laqueo fallace prehenſis,
Subdola blandiloqui cave non te retia fallant.

POUR LA FONTAINE DE LA MÊME HALLE.

Paſcit in amne vagam, nec deſerit alma migrantem
NAIAS hîc ſobolem, ſimul ipsa que providet Urbi;
Namque ſaginatos parat ad convivia piſces,
Civibus & fundit juges ſitientibus undas.

POUR LA NOUVELLE HALLE AUX CUIRS, conſtruite ſur l'ancien emplacement de la Comédie Italienne.

Lacte ſuo vivens, te paſcit mortuâ carne;
Calceat & reliquâ Gens te pecuaria pelle;
Jamque cothurnatos tulit undè THALIA ſodales,
Calceus hinc pediti potior cedente cothurno.

O U

Abſtulit hinc nugas vanum que THALIA cothurnum,
Lætior hinc crepidâ nos potiore frui.

POUR LA FONTAINE DE LA RUE DE L'ARBRESEC.

Opportuna ſedet, latitans & munera donat;
Illa ſalutiferam fundens hîc NAIAS undam.
Si dapibus gravior, fueris ſi læſus IACCHO,
Ipſa dabit facilem puro de fonte medelam.

POUR LA NOUVELLE FONTAINE
qui va être construite à la pointe de Saint-Eustache.

Casta profundit aquas hîc NAIS, Tu bibe gratus ;
Quique lavas corpus, mentis simul elue sordes.

POUR LE BUSTE DU GENÉRAL WASHINGTON,
fait par M. HOUDON, & destiné pour les États-Unis de l'Amérique Septentrionale.

Inscription proposée dans une Feuille périodique du 16 Décembre 1786.

Par FABIO bellans, Patriæ servilia fregit
Vincula, & insignis stabilivit Robora pacti.
Dumque dicata sibi cum Lauris munera spernit,
Grandior hic humili stat CINCINNATUS in agro.

AUTRE.

Armis, ingenioque VIRI jam libera spirat
Patria, nec feriet dein exulis ungula Pardi (*).

POUR LA MANUFACTURE ROYALE DES GLACES.

Ædibus ornandis, patet hîc crystallina, fido
Mœnia reflexu pollens decorare, supellex.
Ad speculum compti qui gaudet imagine vultûs,
Sæpius horreret turpi sub imagine mentis.

(*) Le Léopard qui forme les armes d'Angleterre.

POUR LA MANUFACTURE ROYALE DES GOBELINS.

Docta manus texit dum PALLADIS arte Tapetes,
Hîc totidem Tabulas depingere credis APELLEM.

Sous les yeux de PALLAS, une riche tissure
Forme ici des Palais la brillante parure;
Et quand on vient d'ATTALE admirer les travaux;
L'œil trompé croit d'APELLE ici voir les Tableaux.

POUR LE NOUVEAU PONT DE LOUIS XVI.

Première, pour le côté des Tuileries.

Ingens artis opus, sublime quod incubat undis,
Moles illa sacro LODOICIS nomine splendet.
NAIADUM plausu, geminam nova nexuit urbem
Semita, & imposito sibi pondere SEQUANA gaudet.

A U T R E.

Pour le côté du Cours.

Spontè sinit NAIS poni juga pendula lymphis,
    Commoda dum pateat Pontis in urbe via,
Cui LODOICUS equo plaudit sublimis aheno,
    Nominis atque decus cui dedit ipse NEPOS.

In celebre quoddam Lutetiæ deambulatorium, viâ S. H.

FRONDIBUS his levior ſtrepit undiquè læta juventus,
Ductor quam ſtimulat telis, volvitque CUPIDO.
Hîc CHARITUM roſea arrident ſpectantibus ora,
Jamque licet niveas oculis luſtrare papillas,
Exiles lumbos, cervinaque cernere crura.
Tangere cum properas, ſi te modò NYMPHA repellit,
Prompſeris ut nummos, mox urget & allicit audax.
Sic VENERIS pateſit, PLUTUS dum juſſerit, antrum;
Cautus ſed metuas vel limina adire doloſa:
Punxeris ut VENEREM, punget te lethifer anguis.

Par M. BOURDELOIS, A^{t}. a. P^{r}.

Mai 1787.

www.ingramcontent.com/pod-product-compliance
Lightning Source LLC
LaVergne TN
LVHW020506230826
846091LV00008BA/3373

* 9 7 8 2 0 1 9 6 2 8 5 0 5 *